Le deuil d'un vivant

Hélia Sarasin

Le deuil d'un vivant

Recueil

LE LYS BLEU
ÉDITIONS

ISBN : 979-10-422-1907-9

Et tous mes moments sont soit associés à lui,

soit à la guérison de sa perte.

Il y a cent façons de dire que tu ne me veux plus.

Et dix mille autres de dire que je ne cesserai jamais

de me réveiller chaque matin en espérant que ça ait changé.

J'étais une forêt en feu,

tu as été l'averse qui l'a sauvée.

Mais c'était moins joli,

le rouge était ta couleur préférée.

Tu pensais que partir me rendrait plus forte,

plus *moi.*

Mais je suis toujours au même endroit,

et je suis juste sans toi.

Chaque jour je me lève en espérant que tu ne vas pas me manquer.

Et chaque jour tu te lèves en sachant que si jamais,

je serai là où tu m'as laissée.

Il n’y a rien de beau dans les bleus que tu m’as laissés.

Mais je continue de les appeler amour,

car je ne sais toujours pas ce que c’est.

Je hais le temps car il est le seul à pouvoir guérir ce que tu as fait,

et qu'il est loin d'avoir l'air pressé.

Il joue encore à faire des rondes,

à transformer les heures et les secondes.

Mais lui a une éternité pour s'amuser,

et moi je n'ai qu'une vie pour t'oublier.

Et quand je dis que je veux rentrer à la maison,

ça veut simplement dire que je veux retrouver tes bras.

Mon âme sait parler des centaines de langages

et elle trouve toujours un moyen d’épeler ton nom.

Mais « quand on veut on peut » ne s'applique pas à tout le monde.

Souviens-toi d'à quel point j'ai souhaité être heureux,

et souviens-toi d'à quel point j'ai voulu ne plus compter chaque seconde.

Je continue de confondre l’amour avec tous les objets tranchants.

Je continue de m’y couper,

et d’être surprise de voir du sang.

On m'a demandé d'écrire ce que je ressens,

mais je ne ressens rien d'autre que les autres.

Rien que leur absence,

le vide qu'ils laissent derrière et la façon dont ils jettent notre histoire,

comme si ce n'était pas la nôtre.

J’ai déterré chacun des problèmes enfouis au fond de mon cœur

afin de le nettoyer pour te le donner.

Et après m’avoir laissé creuser pendant des années,

tu l’as refusé.

tu l’as refusé

alors qu’est-ce que j’en fais ?

Le vertige des jours à venir et l'amertume de ceux qui sont passés.

Je ne suis plus qu'une combinaison des deux,

avec un petit peu d'anxiété.

Mais les lieux, les odeurs et les rêves

auront toujours le pouvoir de me ramener jusqu'à toi.

Et à n'importe quel moment,

ils peuvent décider qu'aujourd'hui était la dernière fois.

Alors que je sais bien que j'ai parcouru des kilomètres depuis ça,

alors que même si je le voulais je ne peux même plus compter les mois.

Je croyais au destin,

jusqu'à ce qu'il nous sépare.

C'est stupide oui je sais mais s'il y en avait un,

tu n'aurais jamais dit « je pars ».

Le destin se doit d'être malin,

il serait donc juste un trouillard ?

Tu me dois beaucoup de temps,

encore.

Tu me dois des centaines de baisers,

et probablement toute l'eau de mon corps.

Tu me dois des conseils,

tu me dois d'essayer de te rattraper,

tu me dois beaucoup de sommeil.

tu me dois de réparer ce que tu as fait,

et tu me dois presque 5 années ratées.

J'ai laissé ma tristesse s'installer tant d'années

que je n'arrive plus à les compter,

Et j'ai vu le bonheur disparaître tellement de fois

que j'ai commencé à l'associer à toi.

Je ne veux pas quitter ce monde.

Pas maintenant,

et pas comme ça.

Car même s'il y en avait un autre ou tu n'existais pas,

je serais toujours en train de chercher quelque chose,

sans jamais arriver à savoir quoi.

On dit qu'il faut se battre pour ce en quoi tu crois.

Mais je crois que tu vas revenir,

et on dirait que ce n'est pas le cas.

Je fais comment à partir de là ?

J'ai toujours détesté les choses que l'on ne pouvait pas réparer.

Celles qu'on constate,

abîmées et cassées sur le sol,

d'un air déçu en soupirant un

« c'est dommage ».

Je dois les détester car je suis l'une d'entre elles,

et je pourrais le changer mais je n'en ai pas le courage.

« Il n'y a qu'en faisant des erreurs que l'on apprend »

J'en ai déjà fait beaucoup, ça s'arrête quand ?

J'en ai marre de me casser la gueule pour être intelligent.

Je t'ai souhaité le meilleur pour que ce ne soit pas la dernière fois.

Car je crois qu'il n'est pas ailleurs,

parce que je crois que c'est moi.

Et je te souhaite une éternité de pleurs,

si tu ne la passes pas dans mes bras.

Mais elle est là.

Imperceptible, confortable dans son existence muette et discrète.

La tristesse ne part pas,

elle trouve juste un moyen d'être plus abstraite.

Je pensais connaître la douleur,

mais ce n'était pas le cas.

Maintenant quand j'entends ce mot je n'ai plus peur,

je pense seulement à toi.

Même les feuilles savent s'écraser avec plus de délicatesse que moi.

Même elles savent prendre le temps de tomber,

et de vivre une toute dernière fois.

Je ne te laisserai jamais revenir car tu repartirais pour de bon.

Et j'ai peur,

car ce n'est pas une bonne raison

Chaque jour vient déposer un peu plus de pommade

sur la plaie béante que tu m'as faite.

Et ça commence à guérir, il faut bien que je l'admette.

Mais comment vais-je expliquer cette cicatrice quand on me questionnera,

est-ce que je dois rester muette ?

Elle fera toujours partie de moi et pas un jour ne passera

sans qu'on ne la voie.

Qu'est-ce que j'aimerais que tu sois là,

qu'est-ce que j'aimerais que tu regrettes.

Ça t'a pris cinq minutes pour détruire le mur

que je bâtissais depuis des années.

Alors maintenant je préfère le construire plus lentement,

avec moins de témérité.

C'est plus prudent :

au moins il n'aura anéanti que le travail de quelques journées,

et non pas d'une éternité,

si quelqu'un fait comme toi et décide d'y mettre des coups de pied.

Je n'ai toujours pas trouvé de moyen d'accepter les fins.

Toujours pas de moyen d'accepter les départs,

toujours pas de moyen d'accepter l'éphémérité des choses.

Pas de moyen de comprendre qu'elles puissent

s'arrêter du jour au lendemain,

pas de moyen de comprendre qu'on puisse passer de tout à rien.

Pas de moyen de comprendre que l'amour puisse disparaître,

pas de moyen de comprendre qu'il puisse être réel

et tout de même arrêter d'être.

Bref, toujours aucun moyen de comprendre

un des plus gros principes de la vie.

Je ne connais pas le gris,

je ne l’ai jamais connu.

Les choses sont noires, ou elles sont blanches,

soit je ne dis rien, soit je suis trop franche.

Et c’est drôle que je n’aie jamais su voir le gris,

tandis que dans mon esprit c’est bien la seule couleur qui vit.

Parfois, je me demande ce que tu ferais si tu savais

que j'étais toujours en train de me raccrocher à tout ce que tu disais.

Souvent, je me demande si tu ferais la même chose de mon amour

si tu apprenais à quel point il était vrai.

Mais je crois que tu savais très bien ce que tu faisais.

Oui,

Tu savais très bien le vide que tu laisserais.

J'étais une fleur que tu as trouvée jolie et que tu as cueillie.

Elle est celle que tu as préférée et que tu as gardée.

La prochaine fois, réfléchis mieux avant de me déraciner.

Je dois être bien vide pour être autant composée de toi.

Ma peur, c'est de ne jamais réussir à aimer quelqu'un

plus que je t'ai aimé toi.

Et j'espère me tromper,

j'espère que c'est n'importe quoi.

Seulement le temps,

les autres,

tout ça ne me le prouve pas.

Et je me dis qu'on est toujours sous le même ciel,

seulement je sais que toi tu ne le regardes plus en pensant à moi.

Et chaque jour ça me détruit

chaque jour je me demande pourquoi.

Rien n'est inspirant et chaque élément qui compose mon univers

est plat et sans substance.

Tout est chaotique et violent et j'ai beau contempler la vie,

je ne lui ai pas trouvé un sens.

Je ne peux pas t’en vouloir.

Moi aussi je voulais me quitter après tout.

Nous étions comme des feuilles qui luttaient chaque jour

pour ne pas tomber.

Elle était l'Automne,

elle a tout emporté.

Je n'avais aucune chance,

tout espoir n'était qu'un mirage.

T'étais un tsunami,

j'étais un putain de coquillage.

Et ce soir,

j'ai envie de rentrer à la maison.

Sauf que ma maison c'était toi,

sauf que ma maison n'existe plus.

D'habitude ce sont les maisons que l'on quitte,

et pas l'inverse.

C'est plus facile quand on part d'une maison

juste parce qu'on ne l'aime plus,

moi je n'ai pas eu le choix,

et je ne l'ai jamais eu.

Parce que j'ai peur que mon âme ne trouve pas le repos

dont elle a tant besoin.

Parce que j'ai peur que même ailleurs,

mon cœur ne retrouve plus jamais le tien.

Les cons se limitent à ce qu'ils connaissent,

le reste ne les intéresse pas.

Si c'est de l'inconnu ils le laissent,

pourquoi découvrir plus que ça ?

Moi je suis complètement con.

Tu es tout ce que je connais,

et tout ce que je veux, c'est toi.

Tu es parti mais je t'aimerais toujours,

tu es parti mais tu seras là jusqu'à la fin de mes jours.

Et finalement c'est peut-être tout ce qu'il me faut,

je n'aurais juste plus ton amour.

Ma souffrance porte enfin un nom,

et ça me soulage de lui en donner un.

Mais ça me fait un peu mal au fond,

car j'aurais préféré que ce ne soit pas le tien.

J’ai regardé tes yeux,

et me noyer n’avait plus la même importance.

Mais dans mon désert ta goutte d'eau a l'air d'une Oasis.

Alors je me suis oubliée.

Parce que je ne savais faire que ça,

et que c'était ce que les autres faisaient.

Pas avec eux, juste avec moi.

J'ai oublié tout ce que j'étais et j'espère ne pas m'en rappeler,

exactement comme tu l'as fait.

Personne ne vaut la peine de se battre comme ça.

Je ne l'ai toujours pas compris mais je le sais,

alors je l'écris là.

Ah mon enfance !

Je ne comptais plus les ambitions que j'avais à cette époque-là.

Tout avait l'air excitant et pouvait devenir le but d'une vie

juste pour un jour,

juste comme ça.

Je n'aurais pas été si enthousiaste si j'avais su que plus tard,

mon but serait simplement d'être à toi.

Et je cherche désespérément à faire rimer la douleur

que tu m'as provoquée dans l'unique but

de te faire réaliser que tu t'es trompé.

C'est pathétique, je l'admets.

Mais je crois que je mérite mieux que des promesses brisées,

des mots en l'air et des pardons,

Non ?

Il y aura bien des jours meilleurs que d'autres,

mais ceux que je préférais étaient les nôtres.

Il y aura bien des jours meilleurs que ça,

mais pour l'instant c'est tout ce qu'il y a.

Et je dors encore sous le même ciel.

Ce ciel sous lequel tout s'est produit,

ce ciel que j'ai prié pour qu'il m'enlève la vie.

Il ne m'a jamais écoutée mais pour une fois je lui dis merci,

grâce à lui je suis encore ici à perdre mon temps pour des conneries.

Au moins,

je n'ai plus à me demander ce qu'il me manque maintenant.

Je sais que c'est toi,

et que ce sera le cas encore longtemps.

Au coin de la table, j'observe la pluie tomber violemment

et noyer tout ce qui l'entoure rapidement.

Je la regarde tomber,

mais je suis à l'intérieur malheureusement.

Je la regarde tomber.

Pourquoi ne peut-on pas se noyer volontairement ?

Tu n'as pas voulu de moi.

Et n'essaie pas de me contredire,

de me dire que c'est plus compliqué que ça.

Que je ne comprends pas les nuances,

que tu m'aimais bien,

qu'il y a une différence.

Tu n'as pas voulu de moi.

Et chaque jour je vis avec ça,

chaque jour je cherche toujours pourquoi.

Mes jours sont toujours vides

car ils devraient être animés par ta présence,

et mes nuits sont toujours agitées

car elles ne s'habituent pas à ton absence.

Ton nom est juste une façon plus jolie de dire

que je continue de suffoquer sous le poids

de tout ce qu'on s'était promis.

Et puis je me suis brisée.

Comme une vague sur un rocher,

comme une assiette contre l’évier,

comme les promesses que tu faisais.

Je ne sais plus où aller.

Tes bras sont le seul endroit où j'ai appris à me réfugier,

et tout ce qui n'est pas toi me fait encore paniquer.

S'il te plaît,

tu crois que tu peux revenir pour m'indiquer ?

J'écrivais la douleur avant de savoir que c'était ça,

Et je parlais de l'amour avant de savoir que c'était toi.

J'aurais préféré ne jamais savoir, crois-moi.

Je ne savais pas qu'il était possible de réduire à néant

quelque chose de déjà cassé.

Je pensais qu'on pouvait le briser autant de fois qu'on le voulait,

mais pas l'annihiler.

Je ne le pense plus,

j'ai disparu.

Il aurait fallu être quelqu'un d'autre pour que tu puisses rester,

et il aurait fallu un autre monde pour que je veuille bien l'habiter.

Tu étais un océan déchaîné et j'avais des os tout cassés.

J'y suis quand même allée.

Comme si je pouvais nager,

comme si je pouvais en profiter.

Inévitablement, j'ai dû finir par me noyer.

C'était juste le prix à payer pour ma stupidité.

Un peu de souffrance et un peu de toi.

Désormais,

je ne suis faite que de ça.

Je n'ai aucune idée de comment j'ai pu faire tout ça sans toi.

Pourtant tu n'es plus là.

Et ce n'est peut-être pas la fin,

mais je n'ai aucune idée de comment je continuerais

sans espérer que tu me retrouves à mi-chemin.

Aujourd'hui, c'est ton anniversaire.

Je vais devoir me retenir de t'écrire

chaque année supplémentaire que tu passeras sur cette terre.

Quel enfer

J'ai confiance en ton jugement plus qu'en celui de personne d'autre.

Alors si tu es parti,

c'est forcément que tu savais qu'il existait un amour mieux que le nôtre.

(j'espère que tu profites, moi pour l'instant non)

Mais ça va.

Parce que ce silence fait moins mal que tout ce que tu dirais si je le brisais.

Prendre soin de soi n'a jamais voulu dire

faire un masque à l'argile

ou prendre un bain avec des bulles de savon.

Mais c'était toujours plus facile de se réfugier

derrière tout ça que d'arrêter notre relation.

Aujourd’hui le vent qui se lève est plein de promesses.

Et je sais qu’il les tiendra,

Contrairement à toi.

Tu seras toujours la pièce manquante de mon puzzle.

J'espère seulement qu'il aura l'air de quelque chose sans toi.

Et peu importe la longueur de mes journées,

je dois me promettre que j'attendrai demain.

Même si tu n'es pas de l'autre côté,

même si toujours rien ne me convient.

Tous les jours le monde qui m'entoure a changé.

Ses couleurs sont différentes,

même l'air n'a plus la même intensité.

Son paysage se transforme,

il n'arrête pas d'évoluer.

Et malgré ça,

je suis toujours aussi surprise de ne pas t'y trouver.

On dit qu'il suffit de modeler sa réalité en une qui nous convienne.

Mais si c'est vraiment le cas,

pourquoi tu n'es pas dans la mienne ?

Oh s'il vous plaît,

ne mettez jamais entre mes mains une lampe magique.

On sait tous que mon souhait serait pour toi,

et ce serait tragique.

Ce soleil est insultant.

Il brille de toute sa force et sublime tout ce qui l'entoure.

Alors que tout est si noir.

Peut-être quelques nuances de gris,

mais jamais rien qui ne se rapprochera de ce mensonge.

Crois-moi,

Un jour tout sera différent.

Tu imagineras les jours à venir sans avoir à penser à ceux d'avant,

et tu pourras regarder les trains sans avoir envie de te jeter devant.

Si tout ce qu'il me reste se trouve dans ma tête,

tu continueras d'y vivre avec la même intensité

jusqu'à ce que tout s'arrête.

Parce que je ne serais jamais prête.

J’ai une fâcheuse tendance à vivre le départ des autres avant qu’il n’arrive.

À le provoquer en le croyant installé,

et à transformer les relations en séparations de manière excessive.

Et quand je marcherai sur ce chemin interminable,

lentement et sûrement,

peut-être que quelqu'un me demandera où est-ce que je vais.

Alors je lui répondrai,

tout simplement,

que je rentre à la maison.

Il me signalera peut-être que j'ai pris le chemin le plus compliqué,

et aussi le plus long.

Alors je répondrai que tu en vaux la peine,

Et qu'elle a juste bloqué le bon.

Et chaque nouvelle année qui passe,

chaque nouvel endroit que je découvre,

chaque bougie que je souffle,

chaque minute qui s'écoule,

chaque nouvelle personne que je rencontre,

chaque vœu que je fais,

chaque pensée dédiée au futur,

à ses douleurs ou ses projets,

tout ça c'est encore toi.

Et je ne sais pas changer ça,

même le temps ne le fait pas.

Peut-être que les choses sont un peu plus fortes que je ne le crois,

peut-être qu'il ne suffit pas de les balayer pour les briser.

Peut-être que seules celles qui devaient disparaître l'ont fait,

et que les autres arriveront à résister.

Malgré mes doutes,

ce que je fais pour les tester et ma manie de les écraser.

Tu m'as laissé avec quelqu'un que je ne connais pas.

Tu m'as laissé avec un étranger qui ne sait plus qui il est,

mais qui n'est certainement pas moi.

Et il ne cesse de me demander comment on fera sans toi,

Réponds-lui,

je ne sais pas moi.

Et moi je suis là,

loin.

Si loin de qui j'étais,

et si loin de celui dont je rêve parfois.

Si loin de ce que je voulais,

et toujours un peu plus loin de toi.

Loin mais si j'avais eu le choix,

crois-moi,

je serais resté au même endroit.

Mais quelle stupidité de dire aimer ton monde comme je le prétends.

Tu ne me l'as jamais partagé,

je n'ai jamais été dedans.

Je n'ai fait que regarder,

envier comme un enfant,

quelque chose que je n'aurai jamais mais que je désire tellement.

S'il vous plaît,

expliquez à mon cœur qu'il ne peut pas rester aussi fragile

dans un monde comme celui-ci.

Le même oiseau est venu chanter à ma fenêtre ce matin.

Je lui ai demandé de s'arrêter.

Je lui ai expliqué que tu étais parti,

et que chanter ne servait plus à rien.

Mais l'oiseau a continué

car rien ne s'arrête de fonctionner pour un départ,

pas même le tien.

J'en veux toujours à l'univers.

J'en veux à l'univers car il ne m'a jamais aidé

à comprendre la façon dont il fonctionne.

J'en veux à l'univers car il pourrait rendre

les bons changements un peu plus perceptibles,

et les mauvais un peu plus supportables.

J'en veux à l'univers car il n'a jamais facilité les choses pour personne,

et que c'est toujours aux autres d'essayer de retirer du bon

de ce qu'il décide de faire.

Je lui en veux parce que souvent, il n'y en a aucun.

Je lui en veux parce que plein de gens s'en remettent à lui

et qu'il ne fait aucun effort.

Il n'avait aucune raison de me mentir,

aucune raison de me laisser éliminer

ce qui ne va pas si c'était pour le faire revenir,

aucune raison de me laisser autant d'espoir si c'était pour te faire partir.

Je floute encore ma vision quand je marche dans la rue

pour ne pas prendre le risque de voir ton visage.

Et maintenant,

ce grand vide.

Ce grand vide quand je me souviens,

ce grand vide quand je rentre à la maison.

Ce grand vide qui revient,

et qui me donne encore raison.

Pourtant ils me regardaient comme si un sourire à lui seul

était capable d'effacer toutes les autres parties de moi

qui criaient au secours.

Les oiseaux sont partis un par un,

ils ont laissé un vide géant dans le ciel.

Pourtant avant il n’y avait rien.

Comment peut-on être aussi dépourvu d’une chose

qui ne faisait pas partie de l’ensemble à l’origine ?

Posez-moi la question, tiens

Et j'envie son insouciance.

Sa capacité à savoir agilement porter sa vie dénuée de sens.

Celle à savoir ne pas tomber,

quand elle est sur un fil en permanence.

Je ne sais pas ce que vaut la volonté de se protéger

face à celle de vouloir aimer,

mais je sais que ma volonté à moi a perdu face à toi.

Elle a perdu face à mon besoin de rester en sécurité,

celui de ne pas me briser.

Et je veux absolument qu'elle soit plus forte la prochaine fois.

Tout ça.

Tout ça parce que ni toi ni moi n'avons eu le courage

de m'aimer correctement.

Maintenant chaque jour a une odeur différente.

Mais parfois en arrive un qui a la tienne.

Et lui,

lui me hante.

Au prochain qui tiendra mon cœur :

Ne le lâche pas, s’il te plaît.

On a déjà tous fait l’erreur.

J'aurais voulu être ton ciel.

Parce qu'être sous le même que toi ne m'a jamais suffi.

Je t'aurais éclairé, consolé,

j'aurais pu te regarder toute ma vie.

Et toi,

toi tu aurais levé les yeux vers moi tant de fois

que je ne les aurais plus comptées.

Parce que tout serait encore à sa place

si tu m'avais aimé comme tu aimes les étoiles.

Tu ne m'as rien laissé de moi.

Tu as fait de chaque réveil un défi,

de chaque personne une menace,

de chaque chose une corvée,

et de chaque jour,

seulement un jour de plus.

Je suis une peluche dans un attrape-jouet,

tu es un enfant qui n'arrête pas de s'amuser.

Tu fais monter puis redescendre la pince

vers le seul bibelot que tu veux attraper,

pourtant ce bac est plein à craquer.

Et tu supplies de recommencer,

tandis que dans le fond,

noyée sous des kilos de tissus et de molletons,

je prie silencieusement pour que ta pince change de direction.

J'écris encore sur toi parce que tout crie encore ton nom.

J'écris parce qu'en partant tu as enlevé à mon monde

la dernière substance qui le rendait supportable.

Parce que si disparaître n'impliquait pas perdre toute chance de te revoir,

je ne serais pas là.

Tous les bruits du monde se taisent

pour faire place à celui de mon esprit entêté

qui ne veut pas comprendre

que ton rire n'y résonnera plus jamais.

J'ai pleuré des océans pour que tu reviennes,

mais tu n'y as jamais mis un pied.

Tu as toujours préféré les piscines.

Et pourtant je le savais.

Chaque seconde est faite pour oublier

que rien ne ressemblera plus à ce chez-moi

qu'étaient tes lèvres sur les miennes.

S’il n’y a pas de moyen de revenir jusqu’à toi,

je passerai ma vie à le créer.

Et s’il ne fonctionne pas,

ou que tu ne veux pas de moi à l’arrivée,

alors je passerai ma vie à t’oublier.

(Mais c’est déjà un peu ce que je fais.)

Je porte ton départ comme ce vieux manteau que je détestais enfant.

Mais il ne me paraît plus si laid maintenant,

alors j'attends.

J'attends que les années transforment tout comme elles le font tout le temps.

Aujourd'hui, j'ai accroché un attrape-rêve

au-dessus de mon lit.

Et j'espérais qu'il te laisserait rester,

mais je ne t'ai pas vu cette nuit.

Ça veut peut-être dire que je t'ai assez rêvé,

ça doit certainement dire qu'il faut que je t'oublie.

(Je l'ai décroché, tant pis)

Il ne suffirait que de deux de tes mots

pour que le brasier dans lequel je me consume cesse enfin.

Allez, Dis-les,

« Je reviens »

Je ne trouverais pas la paix ici,

laissez-moi m'en aller.

Il n'y a plus que de l'oubli,

et beaucoup trop de regrets.

Je ne sais pas arrêter de t'aimer alors que c'est ma seule option.

Si tout ça était une blague,

tu peux l’arrêter maintenant.

Reviens,

ça commence à faire trop longtemps.

Mais si on était les deux dernières personnes sur terre,

tu partirais de ton côté.

Parce que c'est à ce point que tu n'en as rien à faire,

parce qu'absolument rien ne pourrait te faire rester.

Le bonheur était une transformation insoutenable.

J'avais comme une vieille peau

qui se déchirait douloureusement de jour en jour,

pour laisser place à un nouveau corps inflammable,

et malgré tout exposé à l'amour.

Pour toi je ne suis qu'une gare.

Tu t'y arrêtes et tu repars,

tu constates et tu redémarres.

Et je pourrais être un point de départ,

mais je suis celle par laquelle tu passes le soir.

Celle dont le paysage est si terne que tu ne daignes même pas dire au revoir.

Je t'en veux car tu n'as emporté que les mauvais souvenirs avec toi.

Et tu m'as laissée ici avec les bons,

comme s'il n'y avait toujours eu que ça.

Ce serait plus simple avec eux,

s'il te plaît, rends-les-moi.

Mais j'ai passé ma vie à la regarder se dérouler,

Et à observer les gens partir sur la pointe des pieds.

Alors qu'ils pourraient faire du bruit, je ne suis plus à ça près.

Je refuse de croire

que chaque version précédente de la personne que j'ai été

existe encore au fond de moi.

Je refuse de croire que tout ça a vraiment existé,

et que tu l'as juste emporté avec toi.

Parce que tout est à la fois si unique et commun.

Parce que j'ai beau vouloir y croire,

mon cœur ne sera jamais si différent du sien.

J'ai commencé à boire après ton départ.

Il fallait remplacer une mauvaise habitude par une autre,

celle-ci m'aide à dormir le soir.

Quand je me retourne sur l'oreiller,

celui que tu préférais,

et qu'il ne sent que le désespoir.

Quand je me retourne de l'autre côté,

celui que j'occupais,

et qu'il sent encore ton au revoir.

Je crois qu'on savait tous les deux très bien comment ça allait finir.

C'est dans la nature de toute chose fragile de finir par se briser.

Rien ne fait exception à cette règle, et pourtant j'ai bien essayé.

Mais je suis une chambre d'hôtel.

Tu la loues de temps en temps,

tu ne te souviens pas d'elle.

Je suis là pour les besoins urgents,

quand il n'y en a pas de nouvelles.

T'en veux une fréquemment,

tu te fiches juste de savoir laquelle.

Tu changes de chambre souvent,

ça en devient même un rituel.

Ça en devient presque vexant,

que tu ne puisses pas m'être fidèle.

Et parfois tu trouves ça tentant,

avant de te rappeler l'essentiel :

tu veux juste passer un moment,

tu veux seulement une chambre d'hôtel.

Parce que c'était seulement comme ça que je pouvais vivre,

parce que lutter n'avait jamais porté ses fruits.

Parce que le « pas encore » n'avait plus aucun sens

et que tout ce qui m'entourait n'en avait jamais eu.

Le mot départ à une autre signification depuis le tien.

C'était de l'excitation, de la chaleur et des avions.

C'est devenu un poignard, des pleurs, un abandon.

Et je ne te laisserai plus changer tout mon vocabulaire

comme si ce n'était rien.

Avec le temps,

j’ai fini par comprendre pourquoi tu devais partir.

La vie était la corde,

et tu étais mon tabouret.

Tu ne pouvais plus me retenir.

Tu voulais te réveiller chaque matin avec un thé et une tartine beurrée.

Un soleil qui brille mais ne réchauffe rien,

un petit vent qui va et vient.

Sans les cris de ta mère et ceux de ta sœur,

sans ces palpitations qui te faisaient peur.

Tu voulais te réveiller sereinement, ne pas avoir à paniquer,

à chercher les paires de chaussettes que tu avais déjà comptées.

Des œufs brouillés, un croissant ou un café froid,

il y avait tellement de choses que tu voulais.

Et puis parfois,

Seulement parfois,

Tu me voulais moi.

Mais quand je t'ai vu j'ai oublié ce que c'était de crier

sur le sol de ma salle de bain.

J'ai oublié que rien ne t'empêchait de faire comme tous les autres,

Et de décider de partir demain.

Si seulement ton souvenir pouvait disparaître comme tu l'as fait.

Mais je ne suis pas une attraction.

Tu ne prends pas ton ticket,

pour t'en aller quand ça te semble bon.

Tu ne peux pas me regarder,

et décider que tu préfères l'autre au fond.

Deux ans c'est long.

Deux ans c'est long quand il y a eu un autrefois,

deux ans c'est long quand tu retiens ta respiration.

Deux ans c'est long quand tu les as passés dans le froid,

sans arriver à prendre de décisions.

Avant il suffisait d'aller vers toi,

mais maintenant je n'ai plus de maison.

Avant je n'avais pas à faire de choix,

car je savais que tu étais le bon.

Maintenant j'erre à la recherche de quelque chose auquel me raccrocher,

Parce que j'ai peur que je ne sois pas encore assez.

Une partie de moi attend encore que l'on vienne m'annoncer

qu'il y a bien quelque chose autre part, ou caché ici.

Quelque chose qui n'est pas ça,

quelque chose qui rendrait tout ce que j'ai vécu insignifiant.

Parce que ce que je vois là ne me convient toujours pas,

parce que si je dois vivre avec tout ce que j'ai été jusqu'à maintenant,

je chercherais toute ma vie un moyen de pouvoir faire sans.

Épargnez-moi ma peine de croire que l'amour des gens est fragile.

Qu'il peut se briser en un instant,

à mon premier faux pas, ou en un battement de cils.

Je souris à la façon dont tu m'as laissé me demander

comment ça allait se finir pendant des années

alors que tu l'as deviné la première fois que tu m'as touchée.

Mais mon cerveau n'a jamais oublié les sensations.

Il n'a pas oublié ta main contre la mienne,

et il n'oubliera pas ce que nous étions.

Au final,

Personne ne m'a sauvée.

Je ne l'ai pas fait non plus.

J'ai juste laissé le temps passer,

et lui a fait ce qu'il a pu.

Se résoudre ou se révolter,

demander plus ou accepter.

J'ai décidé de prendre ce que j'avais,

d'en être heureuse et d'espérer.

Je reste ici, je me contente et je patiente.

L'espoir ne détruit pas s'il est bien géré,

il ne détruit pas s'il n'y a pas que ça.

Si j'ai besoin de me battre ça ne m'est pas destiné,

alors si je veux tout bousculer,

je ne le ferai pas et j'attendrai.

Comme si le passé et le futur n'étaient que des pages blanches,

et que j'étais incapable d'écrire.

Comme s'il n'y avait pas eu cette avalanche,

et que j'avais encore un avenir.

Mais je finis par me lasser de tout ce qui me constitue.

Et si quelque chose de nouveau vient s’ajouter par-dessus,

il suffira d’attendre un tout petit peu pour que je n’en puisse plus.

Je ne reviendrai pas.

Car il n’y a que mon silence qui retranscrira assez bien

le vide que tu as laissé derrière toi.

Parce que j'aurais préféré me noyer plutôt que de te voir me quitter,

parce qu'à part toi rien n'avait d'importance.

Parce que j'étais malade à l'idée que tu puisses t'en aller,

parce que je ne pouvais pas t'aimer d'un amour si intense.

Parce que le tien était contrôlé,

et que le mien n'avait aucun sens.

Parce que t'avais toute ta vie à côté,

et que la mienne, c'était juste ta présence.

Et c’est insupportable.

Ce sentiment où tu voudrais être n’importe où,

mais pas là où tu te trouves.

N’importe qui,

mais pas qui tu es.

Tout,

mais pas ça s’il vous plaît.

Seulement,

aucun mot ne pourrait décrire

mon regret de vivre dans le plus plat de tous les univers

qui existent dans ma tête.

La vérité,

C'est que tu n'as jamais mérité autant de mon amour.

Et c'est aussi que j'aurais dû écouter les autres,

avant de crier au secours.

Note à moi-même :

tu n'auras pas toujours à retenir une part de toi

par peur qu'on te prenne tout,

C'est promis.

Il n'y a pas d'autres façons de le dire :

je vais devoir passer ma vie à essayer de t'oublier,

pour probablement ne jamais y arriver.

Et pour ça, je te hais.

Il fallait ne rien ressentir du tout,

ou alors tout en même temps.

Comme pour absolument tout le reste,

c'était ou noir, ou blanc.

Ici le gris n'existait pas mais ailleurs il était partout.

J'ai choisi le noir,

et il n'y a plus de retour possible maintenant.

Et dans un autre monde nous sommes encore ensemble,

riant de la façon dont on s'est quittés dans celui-ci.

Si nous ne sommes plus que des étrangers,

on devrait pouvoir à nouveau se rencontrer.

Crois-moi, tu ne te souviendras pas de qui j'étais,

tout est différent désormais.

Enchantée ?

Explique-moi pourquoi le sol sous mes pieds se dérobe,

et pourquoi ma vision n'arrive pas à s'éclaircir.

Explique-moi comment ton odeur a réussi à faire le tour du globe,

et pourquoi quand il le faut, je n'arrive pas à partir.

Vous ne vous mettez qu'à aimer quand l'autre se met à disparaître.

Tu ne sauras jamais combien je l'ai fait, mais je peux te le promettre,

je t'ai aimé dès que tu es arrivé et je le ferai

jusqu'à ce que tu ne saches plus me reconnaître.

Malgré tous mes efforts pour y arriver,

Ma vie ne se rapprochera jamais des fantaisies que je vis dans mon esprit.

Et c'est peut-être mieux ainsi,

mais le monde dans lequel je vis est plein d'ennui.

Comme les pétales des fleurs que tu m'avais offertes

et que j'ai gardées toutes ces années,

j'ai continué de t'aimer et de conserver en mémoire ta beauté.

Trop de temps,

bien trop de temps après qu'elle ne se soit fanée.

J'attends que le ciel tourne au gris,

mais il veut rester bleu.

Il n'y a pas de larmes sur mes joues,

mais Dieu sait comme je le veux.

J'ai un pied dans le bonheur,

et j'ai peur d'en mettre deux.

Le passé ne peut pas te rattraper,

Tu ne peux que te laisser prendre dans le piège

de le confondre avec ta réalité.

Ils peuvent se ressembler, mais notent leurs différences.

Peu importe leur nombre,

tu es doué pour les nuances.

Je me noie dans une surcharge de mots et de pensées inutiles,

et je continue de demander pourquoi la vie à l'air futile.

Et les astres toujours en désordre.

Comme pour me faire comprendre que c'est super que j'ai tenu,

mais que rien n'ira bien tant que tu ne seras pas revenu.

Je ne dessine plus quand il y a de la buée sur les vitres,

Je n'imagine plus rien en regardant l'horizon.

Je ne crois plus aux nouveaux chapitres,

Je ne souris plus quand on atterrit en avion.

Parce que j'ai beau vouloir changer le titre,

mon histoire ne porte que ton nom.

S’il y a une solution à tout ça,

je n’ose pas imaginer que ce ne soit pas toi.

Et si j’arrive à m’en sortir,

je n’ose pas imaginer que ce soit sans nos souvenirs.

Et si j’arrive à t’attendre,

je n’ose pas imaginer que tu ne veuilles toujours pas me reprendre.

J'ai entendu le bruit de tes pas s'éloigner

et je me suis juré de ne jamais recommencer.

S'il me restait une journée sur cette terre,

je la passerai à te chercher pour la finir dans tes bras.

Qu'est-ce qu'on va faire de moi ?

Avec mes parents, j'avais l'habitude d'aller voir les marionnettes.

Je m'amusais de leurs sourires bizarres,

de la façon étrange dont elles bougeaient la tête.

Quel concept étrange d'avoir besoin de quelqu'un pour prendre vie,

et quelle idée loufoque d'animer quelque chose

qui n'en a peut-être pas envie !

Je me rappelle avoir observé leurs automatismes

et la façon dont ils agitaient leurs mains.

Je me rappelle avoir fixé ces pantins.

Qui aurait pu deviner que j'en deviendrais un.

Chaque battement de cœur me rappelle le tien et ses silences.

Et à quel point je pensais avoir plus de temps

pour en connaître chaque fréquence.

Désolée,

il a tout pris.

Il a enlevé toutes mes envies,

et empêché quiconque de passer après lui.

Il n'y a rien à faire,

ton départ et moi sommes condamnés à être colocataires.

Il est bien décidé, il ne fera pas ses affaires.

Ici c'est accueillant et dehors c'est austère.

Il est bien décidé, mais moi je cherche toujours quoi faire.

Il ne peut pas rester,

Ça me foutrait trop en l'air.

Parce qu'être en manque de toi est le seul domaine dans lequel j'excelle.

Un jour ton prénom ne me fera plus sursauter.

Tout ça sera comme un souvenir d'enfance,

j'y penserai le sourire aux lèvres,

en me moquant de ma naïveté.

Tout ça aura enfin l'air léger.

Comme si cette enclume n'était jamais tombée sur nous

au moment où j'avais besoin que l'on reste sains et saufs.

Je regarde le ciel,

mais je n'y vois plus rien.

Je pensais que ce qu'on était y résiderait,

je pensais qu'il garderait les souvenirs intacts.

Parce que si tu les as fait disparaître,

il fallait bien qu'il en reste une trace quelque part.

Mais je le fixe.

J'attends.

Rien.

Toi, moi, et maintenant lui.

Nous avons tous les trois oublié.

Et tout autour de moi à l'audace de continuer à respirer la joie.

Moi, je suis en apnée.

Et je refuse d'inhaler tant que tu ne seras pas revenu.

J'avais l'habitude de caler ma respiration sur la tienne

pour m'endormir avant.

Je le fais avec le bruit des vagues maintenant.

(PS : c'est quand même moins bien, reviens)

Je n'aurais pas dû faire ce vœu quand l'étoile est passée.

Maintenant, je crois pouvoir m'y raccrocher,

alors c'est ce que je fais.

Faire un vœu quand une étoile passe ne sert à rien,

et tout le monde le sait.

Ce matin j'ai regardé dans le miroir et j'ai compris.

J'ai su que c'était moi depuis le début, j'avais raison.

J'ai compris que tu n'étais qu'une particule de ma vie,

à laquelle j'avais juste porté trop d'attention.

(C'est faux pitié reviens à la maison)

Mais toi,

Je te supplierais encore cent fois de rester.

Fais-le,

s'il te plaît

Mais tout est encore un combat constant

et je n'arrive toujours pas à ne pas vouloir

que tout le monde remarque que c'est moi qui vais finir perdant.

« Regardez-moi, je souffre tant. »

Désolée de ne pas avoir lu ce joli livre que tu me proposais.

J'étais trop occupée à ressasser les pages ratées du mien.

Il n'y avait rien de magique dans tout ça,

et j'y ai vu un univers dont je ne me passerai pas.

Il n'y avait rien d'attirant là-dedans,

et j'ai décidé que rien ne serait plus possible sans.

Tu as toujours su accepter que chaque chose avait une fin.

Et j'essaie moi aussi,

mais notre histoire recommence chaque matin.

Le poids du désespoir m'assomme

et la légèreté imperceptible du changement devient insupportable.

C'est vrai,

maintenant je n'ai plus peur d'être quittée.

J'ai simplement peur que tu ne reviennes jamais.

Désolée de te le dire, mais l'autre option était ma préférée.

Comment te faire comprendre que cette promesse

n'était pas comme celle que tout le monde fait ?

Je t'aime et je t'aimerai jusqu'à ce que tu te souviennes

que j'avais promis que j'attendrai.

Et après ça, s'il te plaît, laisse-moi continuer.

(Je dis ça comme s'il fallait ta permission,

Alors que ça fait dix fois que tu me demandes d'arrêter)

J’essaie mais n’arrive pas à rendre ce monde attrayant

Lorsqu’il est vu par mes yeux.

Ça marcherait tellement mieux si j’étais quelqu’un d’autre,

mais pas cet imbécile qui essaie d’être heureux.

Mais j'en veux toujours au monde entier

pour mon incapacité à ne pas pouvoir démontrer

que je ne suis pas celui

que j'ai toujours eu peur de devenir.

Tout ce que je demande maintenant,

c'est de perdre espoir.

Tout ce que je demande c'est de pouvoir fermer les yeux,

et ne pas espérer te voir.

J’avais si peur que la vie ne vaille pas la peine d’être vécue sans toi.

Et j’ai encore plus peur maintenant que je sais que c’est le cas.

Parce que toutes ces pensées ne sont pas ce que je suis,

Mais qu'elles finiront par l'être si je continue ainsi.

Parce que je peux avoir une autre vie,

mais que je ne l'ai pas encore choisie.

Ma vie est bloquée au même chapitre depuis des années,

et il ne vaut pas la peine d'être étudié.

Il est court et inutilement compliqué,

il est futile et n'aurait pas dû exister.

Il y avait une issue de secours,

et j'ai fini par la trouver.

Il n'y avait pas d'espoir autour,

et j'ai fini par l'inventer.

(J'essaie d'imaginer ce que j'écrirais si j'étais vraiment réparée)

Permets-moi de douter de tout ça,

Ça fait longtemps que j'attends autre chose.

Et pardonne-moi d'être bloquée là,

ça fait longtemps que j'en cherche la cause.

J'évite encore nos chansons mais tout ne me chuchote plus ton nom,

et la journée je l'oublie, même si je le dis encore la nuit.

Note à moi-même :

tout n’est pas une défaite ou un abandon.

Parfois, c’est simplement une leçon.

Mon seul projet était de ne pas atterrir là.

Mais j'ai échoué,

me voilà

Personne ne m'avait promis l'éternité aussi bien que toi.

Même si je sais que tu mentais et que tu ne le pensais pas.

Sa peau apaisait instantanément la mienne

et son souffle savait réguler le mien

avec une facilité que personne d'autre n'avait.

Ses bras étaient le seul endroit où je me sentais chez moi

et son odeur m'évoquait des moments et des endroits

qui n'existaient même pas.

Quant aux moments que l'on vivait,

j'aurais donné tout ce que j'avais pour ne jamais les voir s'arrêter,

j'aurais donné tout ce que j'avais pour pouvoir croire qu'il puisse rester,

et encore plus pour qu'il l'ait fait.

Alors si ce n'est pas avoir perdu la bonne personne,

dis-moi ce que c'est ?

— Alors c'est fini ?

Elle demanda ça le plus calmement possible, tandis que tout autour d'elle commençait à s'effondrer et à ne plus ressembler à rien. C'était comme elle l'avait prédit.
Elle ferma les yeux et profita de ce dernier moment de silence qui peut encore faire croire à un espoir,
ce moment de silence pendant lequel tout n'est pas encore perdu.

— C'est fini.

Répondit-il en un souffle,
Tandis que tout autour de lui commençait à avoir le goût de la liberté et des possibilités.

J'attends d'avoir retenu la leçon,

j'attends de pouvoir entrevoir une lumière.

Mais je crois que je ne verrai qu'un néon,

et je suis déjà plus bas que terre.

Et j'en suis arrivée au point de ne plus pouvoir me regarder dans le miroir,

Car tout ce que j'y voyais c'était cette chose que tu avais laissée.

Cette chose dont tu avais exploré chaque aspect,

mais n'avait rien trouvé de suffisamment bien pour rester.

J’allais écrire :

« Rappelle-toi : ce n’est pas de l’amour si ça te fait mal comme ça »

Mais je ne l’ai pas fait,

parce que je n’y crois pas.

J'ai le vertige quand je pense à toutes les fois où il va falloir repartir de zéro.

Je viens de passer des années à le faire,

et j'ai vraiment besoin de repos.

Il n’y a que les sensations physiques qui me rappellent que je suis vivant.

Même encore après tout ce temps,

je ne le sais que grâce au froid et au vent.

Il a dit qu'on n'oubliait pas mes yeux.

Et pourtant il l'a fait,

Et il en est heureux.

Mais n’importe qui peut me faire saigner si l’envie lui prend.

Pointe un peu le couteau sur ma chair,

il rentre directement dedans.

Ma journée est réussie car je ne t'ai pas écrit,

et puis demain sera raté si je finis par céder.

Tu es mon élément central,

et ça commence à me fatiguer.

Elle le regarde, perplexe.

Son esprit se détache délicatement de son corps

pour venir flotter juste au-dessus.

Les grands immeubles qui l'entourent

commencent à nouveau à se resserrer autour d'elle

et le ciel n'est plus que ce grand couvercle suffoquant

qui se rapproche sans cesse.

Il faut sortir d'ici.

Et elle connaît la solution, elle l'a déjà fait des centaines de fois.

Elle doit fermer les yeux et se concentrer,

La solution est juste là, il faut juste se calmer.

Ferme les yeux, ferme les yeux et rappelle-toi.

Il n'y a pas de raison de paniquer.

Ce ciel, il est comme ça depuis que t'es née.

Ils quitteront ma tête aussi vite qu'ils le feront de ma vie.

Hors de question de les laisser rester,

je l'ai déjà trop fait avec lui.

Maintenant que chacun de ses coins n'est plus hanté,

il n'y a plus de place pour ceux qui sont partis.

Et si quelqu'un essaie de s'y incruster,

je le virerai en restant polie.

Excusez-moi Monsieur,

mais rester ici a un prix.

Il ne tient qu'à moi de le fixer,

et vous ne direz rien s'il varie.

L’idée originale ne ressemble jamais au résultat,

mon idéal est loin d’être comme toi.

C’est le travail qu’on y met qui fait qu’on l’aime ou pas,

tu es l’œuvre de ma vie mais je t’aime depuis la première fois.

Tu manques à ton côté du lit.

Il te demande la nuit,

il en a marre et il s'ennuie.

Tu dois te dire que je ne sais pas ce que je dis,

mais c'est pas moi je t'assure, c'est lui.

Heureusement, je peux encore faire vivre dans mon esprit

ce qui n'existe pas dans la vraie vie.

Sans ça, à quoi j'en serais réduit ?

À me contenter de ce que j'ai accompli ?

Je peux comprendre l'idée,

mais je n'en ai pas envie.

J'ai peur de me dire que ça fait 3 ans que c'est arrivé,

quand ça fera bien plus en réalité.

J'ai peur que le temps soit simplement passé,

en m'empêchant complètement de t'oublier.

Je fais simplement ce que je peux pour rester en vie.

Je fais ce que je peux pour que les journées soient moins longues.

Pour que l'insignifiance de tout ça ne vienne pas me sauter à la gueule.

J’ai compris que c’était passé quand j’ai pu t’aimer à nouveau.

Quand j’ai pu mettre la douleur de côté,

et me rappeler comme c’était beau.

(Je ne fais qu’imaginer, évidemment tout ça c’est faux)

Il n’y avait que ceux qui verraient les larmes dans mes yeux

qui auraient le droit de m’aimer.

Les autres étaient des incapables,

et je ne voulais pas d’eux.

Il suffisait de se concentrer,

c’était pourtant tout ce qu’il y avait :

un flot de sanglots et un regard furieux.

Comment peux-tu m’ignorer,

comment peux-tu me croire alors que tu vois bien que c’est un jeu.

On me disait « c'est pas grave ».

Et ce n'est que maintenant que je réalise que c'est vrai.

C'est plein de choses,

mais grave n'est pas l'une d'entre elles.

Toujours faux, reviens

Tout le monde sait bien que le temps ne fait qu'adoucir les peines,

elles ne disparaissent pas.

Même si elles finissent bien par s'amoindrir,

ça fera toujours trop mal d'être là.

Et s'il est trop tôt pour mourir,

n'est-ce pas stupide d'attendre d'arrêter de souffrir ?

Je n'ai pas du tout envie de tout ça.

Je ne trouve rien d'autre dans les méandres de mon esprit

que les vestiges d'un passé révolu depuis des années,

les restes d'une personne qui aurait dû être enterrée

et des gens qui la pleurent sans ne jamais l'avoir aimée.

Il y a bien plus en moi que ce que tu es capable de voir.

Sinon tu ne serais jamais parti, crois-moi,

il y avait encore de l'espoir.

Pourquoi de toutes les personnes que je peux imaginer,

je n'arrive pas à en être une seule,

même le temps d'une journée ?

Je ne suis pas coincée dans celle-ci

mais je me sens condamnée,

mon corps ne fait pas ce que je veux même si j'essaie de le contrôler.

Mais je ne veux pas ressentir les choses comme je le devrais.

Je veux avoir l'impression d'être imperméable, d'être anesthésiée.

Je veux que les accidents me glissent dessus

comme si j'étais faite pour les encaisser,

je veux qu'ils me fassent sourire ou qu'ils ne me fassent aucun effet.

Je veux que tout en moi te crie

« Pourquoi je ne l’ai pas choisi ? »

Mais j'ai tout compris quand j'ai constaté l'intensité

avec laquelle tu m'as serré en retour.

Tu m'as laissé partir il y a des années,

cultiver un amour qui ne verrait plus jamais le jour.

Le retour à zéro est inévitable et épuisant.

Lorsque l'on croit avoir vu les années passer,

les sensations reviennent,

parfois même en courant.

Elles s'installent l'espace d'une seconde,

parfois le temps d'un long moment.

Elles nous rappellent que l'autre existe encore,

que l'autre est encore bien présent.

Que l'on ne peut pas l'éradiquer,

en tout cas jamais entièrement.

Que si tu crois y arriver,

c'est simplement parce que tu te mens.

Et que pour lui ne pas te parler,

ce n'est pas un choix de tous les instants.

J'ai cru toute ma vie me retenir de crier toute ma douleur aux autres,

me retenir de leur déverser un flot de paroles

dans lequel ils se perdraient pour finalement me rendre compte

que je n'avais rien à dire.

Parce qu'il n'y a rien à dire.

Et même si te voir partir aura été ma plus grande leçon,

j'aurais préféré rester con.

Qu'est-ce que j'aurais aimé que tu restes.

Mais une pièce a toujours une double face

et dans celle-ci, je ne trouverai jamais ma place.

Je n'aurais jamais le contrôle sur mes émotions tant que tu seras là.

Alors dois-je vivre dans la folie ou me préférer moi ?

Je préfère l'hôpital, la question ne se pose pas.

Tout est plus résistant que moi.

Je suis le seul,

le seul qui se casse à chaque fois.

J'aurais préféré avoir tout le poids du monde

à porter sur mes épaules

plutôt que celui de ton départ.

Ne me fais pas ça s'il te plaît,

je ne peux pas te dire au revoir.

Tu m’as volé.

Sans le vouloir,

sans l’avoir décidé.

Tu as pris tout ce que j’avais,

et tu pensais que tu me le rendrais,

ou bien que je viendrais le récupérer.

Mais je te l’ai laissé,

je ne veux pas de quelque chose qui nous a touchés,

ce serait trop dur à supporter.

Prends tout, fais-en tout ce que tu veux,

tu peux bien tout jeter.

Tu m’as volé.

Tu as pris tout ce que j’étais,

maintenant je dois tout réinventer.

Moi j'ai assez d'amour pour deux,

mais ça ne marche que si tu en veux.

Il marche encore dans les rues désertes de la ville.

À la recherche de quelqu'un qui peut le sauver,

à la recherche de quelqu'un à aimer.

Il essaie de marcher droit mais il ne fait que tituber,

on lui a volé son courage mais il jurerait qu'on lui a pris ses pieds.

Si elle ne veut plus de lui pourquoi continuer,

il sait comment ce sera sans elle,

et il ne veut pas essayer.

Aucune idée ne fleurit plus sur la plaine déserte de mes pensées.

Il n'y a plus que des fleurs fanées,

que je réutilise car je ne sais plus quoi inventer.

Et qu'est-ce que je fais de tes promesses,

de mon envie de te revoir,

du peu d'espoir qu'il reste ?

J'aurais aimé que tu m'aimes pour ce que tu ressens en me regardant,

pas pour la façon dont je te tiens la main.

Je voulais que tu m'aimes inconditionnellement,

pas pour ce que je pourrais te donner demain.

Je voulais que tu m'aimes comme l'océan,

mais tu m'aimais comme un jardin.

Dans l'odeur des cimes des sapins,

dans l'odeur du bois des chalets

et celle du café le matin.

Dans le bruit de la rivière qui court,

et dans celui du vent qui siffle entre les arbres

comme pour me rendre sourd.

Dans cette réunion de tous mes sens et de tous les éléments,

dans ce genre de moments où je pourrais voir les choses différemment,

dans tout ça,

il n'y a toujours que toi.

Et je ne sais plus à quoi avoir recours.

J’ai peur des « je t’aime » à venir.

J’ai peur qu’ils n’aient plus la même consonance,

j’ai peur qu’ils me rappellent ton absence.

J’ai peur qu’ils soient emplis de doutes et de

« Il partira ».

Ce n’est pas parce que tu l’as fait que tout le monde le fera,

mais qui peut bien rester si tu n’as pas pu toi ?

La vérité c'est que,

je serai toujours celle que tu as laissée.

Et j'espère seulement qu'un jour je serai capable de vivre avec ça.

Imprimé en Allemagne
Achevé d'imprimer en janvier 2024
Dépôt légal : janvier 2024

Pour

Le Lys Bleu Éditions
40, rue du Louvre
75001 Paris